LE

MISSIONNAIRE PROVIDENTIEL.

IMPRIMERIE DE BEAU, A SAINT-GERMAIN-EN-LAYE.

AUX FRANÇAIS

LE MISSIONNAIRE

PROVIDENTIEL

PAR

Mme Carola GRAS DE BAGNOLS

Auteur de la Charité dans toutes ses phases.

Ne craignez rien, Français, votre bon génie est là !

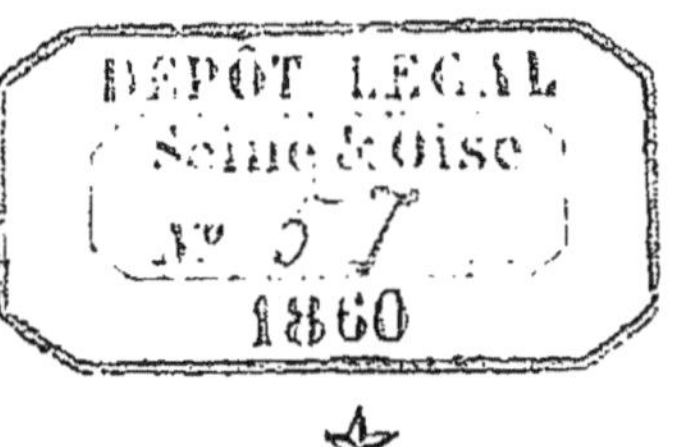

PARIS

CHEZ L'AUTEUR, RUE DU ROCHER, 69,

Et chez les principaux Libraires de la France et de l'Étranger.

1860

Prix: 1 franc.

LE MISSIONNAIRE PROVIDENTIEL

Ne craignez rien, Français, votre bon génie est là !

Dans les temps primitifs, les hommes, oubliant la voix du Créateur et la pureté des traditions, avaient fini par se jeter dans les sentiers de l'erreur. Violemment séparé des grands principes du devoir, de la justice et de la vérité, le monde marchait à sa perte, quand la céleste sollicitude lui envoya un Rédempteur :

JÉSUS-CHRIST !

Jésus, fils de Marie, ne naquit ni roi, ni prince, et pourtant il était d'origine divine; il vint doter l'humanité de la loi nouvelle, qui longtemps avait été son espérance et qui fut sa régénération.

Cependant les temps amenant toujours

à leur suite l'oubli ou la tiédeur pour les vérités morales et religieuses qui régissent le monde moral, et l'incrédulité pour toutes les saintes traditions, le scepticisme, les mauvaises passions enfantèrent de nouveau la convoitise, l'avidité et tous les vices qui déshonorent les nations.

Car, par malheur, les hommes tendent toujours à marcher à leur perte, mais Dieu jette un regard de pitié sur eux.

Quand la mesure du mal est comblée et qu'elle menace, en débordant, de tout engloutir, la pensée créatrice vient encore au secours de l'humanité, en lui envoyant un de ces rois ou un de ces sages novateurs, dont l'initiative inspirée vient régénérer un moment les races.

Dieu peut-il, en effet, oublier son œuvre choisie? Peut-il livrer à leur aveuglement les êtres créés à son image et *les fils de l'homme ?*

Le moment était encore venu d'une

profonde rénovation dans le monde où la civilisation, en perfectionnant le *Juste*, avait fini de pervertir le méchant.

La terre tremblait, la désorganisation menaçait de tout faire crouler; mais au moment du cataclysme universel, l'Être providentiel vint à nous, comme le Christ, pour nous sauver :

NAPOLÉON III!

Peuples, et surtout vous, Français, ne craignez rien, car il est là, le Missionnaire providentiel!

––––––

Oui, il fut l'envoyé de Dieu, pour rétablir l'ordre dans l'univers.

Français, considérez ses œuvres :

Est-il rien qui ait failli dans ses mains, et qui n'ait été soutenu par son génie?

Vous voyez, au contraire, tout s'édifier d'une manière aussi surprenante que rapide.

Tout lui vient à souhait, parce que c'est

avec le regard translucide dont Dieu dote ses élus, que NAPOLÉON envisage chaque chose; parce que la suprême bonté, la profonde sagesse et l'amour pur le guident, et que son point de départ, en tout et partout, est la justice, cet attribut de la divinité.

Peuples, jugez d'après ses œuvres; ne partez que des actes accomplis pour croire et toujours croire sans crainte pour l'avenir: car il est là, l'envoyé de Dieu, le Missionnaire providentiel!

———

Ne vous alarmez pas aux bruits de guerre, à la pensée de cet avenir qui semble menaçant ou incertain.

La profonde sagesse mûrit la solution du grand problème; la pensée du juste retentira dans le monde, et la civilisation — ange médiateur — viendra tout affermir, tout rasséréner; et l'Italie sortira triomphante de sa lutte morale: car l'impulsion sainte lui sera toujours donnée par celui qui peut tout, puisque c'est le Ciel qui l'inspire.

———

Dieu le guide; il est sûr de lui.

Avez-vous vu, peuple français, comme il a déjoué les factions, et s'est posé à la place qu'il devait occuper, pour mieux être le père de tous?....

Qui n'a pas crié au miracle dans ce fait accompli?

Miracle, grand miracle! car, dès ce moment, les hordes sauvages qui voulaient tout ravager, tout détruire, se sont cachées dans les antres d'où elles étaient sorties, avides de sang et de brigandage.

———

Qui n'avait tremblé pour ses fiefs, ses châteaux, ses œuvres d'art, ses richesses, à la pensée de ces cupides forcenés?

Où aller porter ses trésors?

Où planter avec sécurité sa tente?

La menace était partout.

Depuis le palais jusqu'à l'humble chaumière, tout le monde frémissait : car il ne voyait plus d'avenir.

Mais l'Être providentiel est venu. Il a parlé de sa parole sombre et profonde ; il a formulé des lois basées sur la sagesse et l'équité ; et toute chose a été remise à sa place, et la sécurité est rentrée dans tous les cœurs.

Toujours inspiré par le sens du bien, NAPOLÉON ne veut pas que l'inquiétude gagne et inquiète l'esprit de son peuple, en restant seul dans sa dynastie.

Il se choisit une compagne.

Se sentant assez grand par lui-même, ce n'est pas près des filles des rois qu'il va se déclarer en timide solliciteur. Les regards de son âme avaient pénétré dans une autre âme, conforme à ses naturelles aspirations ; il avait compris que c'était là la *fleur mystique* renfermant l'essence des vertus précieuses ; et cette grandeur morale prévalut sur cette grandeur fictive des titres de royauté; et la couronne du mérite, auréole indélébile, prévalut sur les pâles joyaux des couronnes princières.

Pourquoi?

Parce que le Ciel lui avait fait pressentir que de là se perpétuerait la grande race dont se glorifiera la postérité.

Et cet ange sous la forme humaine, cette Épouse de son choix, dans sa beauté qui semble s'ignorer, dans ce sens exquis — cette science de toutes choses, — qui ne se doute seulement pas d'être, définissait cette essence divine: *l'âme-sœur*, qui seule pouvait seconder ses nobles aspirations.

Qui pourrait élever la voix pour nier la bienfaisance, l'aménité de cette Souveraine chérie, et son naturel penchant pour ses devoirs sérieux?.....

A la hauteur de toutes les circonstances difficiles, elle semble prête à la lutte, au péril, au sacrifice, comme au bienfait et à l'amour du genre humain.

N'est-ce pas là la femme biblique, la *femme forte*, sous la forme de la grâce, sous le voile divin de la modestie?

Peut-on méconnaître que le Ciel n'ait encore inspiré, par ce choix, l'Être providentiel?

Et pouvait-il être déçu dans ses espérances paternelles, le Missionnaire béni?

Oh! non.

Tandis que le monde s'agitait dans la crainte, dans l'incertitude de cette naissance, c'est un fils qui vient au monde.

De cette union sanctifiée, pouvait-il en être autrement?

N'est-ce pas *l'enfant de la promesse* qui devait venir à la vie, pour la continuation de l'œuvre de la régénérescence des peuples, des institutions; pour perpétuer les traditions de morale, de religion, commencées par la puissante main des novateurs?

———

L'Empereur, le Napoléon *de la paix*, est ennemi des combats. Le sang versé blesse son noble cœur. Il n'est pas conquérant. La France est assez puissante.

Qu'a-t-il besoin de conquêtes ?

Ce qu'il veut, ce qu'il désire, c'est de grandir la France par les idées morales, les institutions, les progrès, les arts et l'industrie.

Cependant, un jour, la trompette retentit, le tambour bat.

C'est le bruit de guerre: l'Orient est menacé! alors, celui qui dédaigne la conquête, vole au secours de l'opprimé.....

Des clameurs s'élèvent. Ceux qui sont intéressés à désapprouver même ce qu'il fait de plus prodigieux, s'écrient:

« Pourquoi cette guerre ?

» Pourquoi verser un sang inutile, prodiguer des trésors essentiels, pour cette croisade ?

» La Crimée, Malakoff, Sébastopol, qui aborda jamais ces forteresses inexpugnables ? »

Et l'alarme se répandit.

Oh! ne craignez rien, Peuple français!

La grande mission de l'homme provi-dentiel n'est pas terminée, et son étoile brille de plus en plus d'un éclat éblouis-sant.

Nos armées reviendront victorieuses et prouveront aux nations que la France est puissante, invincible; et nul n'osera plus l'attaquer; et l'Empereur aura montré que s'il est le NAPOLÉON *de la paix*, c'est par droiture et sagesse; et vous avez vu, Peuple français, revenir nos braves guer-riers couverts de gloire, ceints de lau-riers vainqueurs, acclamés de tous.

Dès cet instant, d'autres vaillants géné-raux auront été assurés à l'avenir de la France. Ses drapeaux désormais seront respectés, l'Orient aura été délivré, Mala-koff *inexpugnable* pris d'assaut.... puis.... votre Empereur s'est fait un ami, un allié du vaincu....

Miracle!... Miracle!...

Et comment a-t-il pu s'opérer?

C'est que les idées saines et justes ont un pouvoir attractif et irrésistible sur tout esprit doué et tout cœur généreux, comme celui de l'Empereur Alexandre.

———

Non-seulement Napoléon s'est acquis les sympathies du grand Empereur des Russies; mais encore il lui a donné l'impulsion d'affranchir ses peuples si cruellement opprimés, et de commencer l'ère nouvelle de la civilisation dans ces steppes glacés.

Ne reconnaît-on pas encore la pensée providentielle de celui qui régit l'univers, par cette guerre?

Français, ne craignez donc plus ce cri:
Aux armes! aux armes!

———

Les faits accomplis vous diront encore:

Ne craignez rien, Peuple. Vous l'avez vu :

Lorsque, pendant trois années, la terre stérile gémissait de son infécondité, le travail n'a pas manqué à l'ouvrier.

Des œuvres d'art qui étonnent se sont élevées de toutes parts.

Mais bientôt, un cri d'alarme a encore retenti dans l'univers :

C'est la menace de la banqueroute universelle.

L'Allemagne, la Russie, le Nouveau-Monde s'ébranlent, la fière Albion gémit.

Ici, des voix ennemies disent, que les trésors sont épuisés par des dépenses sans mesures, des entreprises inconsidérées..... par la guerre enfin !

Eh bien ! la France seule sort triomphante de la crise générale, à la grande surprise des nations !

La guerre a fait des héros. Elle a rehaussé la gloire française, et les œuvres d'art sont restées, pour émerveiller le monde.

O Français, soyez fiers de votre Empereur, votre bon génie. Tant qu'il sera là, l'œil de Dieu sera ouvert sur vous!

Ne craignez rien, Peuple français!

———

Des hommes aux grandes lumières ont été choisis, et du chaos qui avait commencé à se faire en France, chacun de ces *vaillants* a trouvé des matériaux pour réédifier l'édifice social, sous la puissante inspiration de l'Élu de la Providence.

Et cet édifice restera inébranlable, parce que la *clef de voûte* a été scellée par sa forte main.

———

N'avez-vous pas tous vu qu'une égide divine le protégeait contre le fer et le feu des assassins, des fanatiques, ou des insensés?

Combien ont essayé d'accomplir cet horrible régicide!

Tous ont échoué pourtant.

Et d'où lui viendrait cette sauvegarde?

Les hommes peuvent-ils lui avoir donné ce bouclier invisible, qui pare tous les coups meurtriers?

Non, certainement.

C'est que sa grande mission sur vous ayant besoin de se continuer, Dieu le suit.

Faibles humains, égarés par votre in-clairvoyance, votre fatalisme, pourquoi toutes vos voix ne s'unissent-elles pas par un hymne retentissant, pour bénir cet homme qui vous a sauvés?

Que peut enfin l'esprit de parti dans la balance de la justice divine et humaine?

Ne craignez-vous pas d'irriter le Ciel?

Napoléon III, le grand Empereur, n'est-il pas l'axe où tourne en sécurité le monde?

Et si cet axe venait à se briser, où iriez-vous?

<hr>

Les faits parlent d'eux-mêmes; et pourtant, l'aveugle passion oublie facilement ce qu'elle s'efforce de repousser.

Sans doute il est des attachements naturels, des fidélités qui honorent ; mais, quand la Providence elle-même décide du sort de ces êtres de prédilection, il n'y a plus qu'à courber la tête devant ses décrets, et à réfléchir que le *possible* est seul légitime en pareil cas, et bénir ce *possible* obtenu, puisqu'il est le garant de la justice, de l'ordre et de l'équité.

———————

L'on ne peut nier que NAPOLÉON III ne soit parti d'un principe sacré, pour mettre la main à l'œuvre.

Voyez, Français, que fait-il ?

D'abord, il base d'une main ferme le nouvel édifice si fatalement ébranlé. La religion, cette sauvegarde des hommes, devient un des premiers intérêts de sa pensée, qui ne sommeille jamais.

De toutes parts, s'élèvent ensuite des institutions utiles à l'humanité.

Loin de repousser les traditions du passé, il restaure tout souvenir historique.

Conservateur du beau, son génie qui, embrasse tout, se plaît à honorer ce qui est honorable : noblesse, titres, dignités, tout est religieusement conservé.

C'est que la vraie grandeur ne craint pas le culte du beau.

Il sait que, parmi les hommes, un grand nom oblige celui qui le porte et que, parmi les nations, saluer un grand nom, c'est reconnaître une dette.

Oubliez-vous celui qui ne veut rien pour lui, et qui ne veut que la conquête du droit ?

———

Nul ne pourra faire que ce qui est *ostensible* puisse se changer en *négation*.

Les antagonismes peuvent s'irriter, injurier, attaquer, qu'importe ? Les faits sont les faits, et l'*idole de l'Europe*, comme a ajouté un des détracteurs, — je ne sais pourquoi, — eût-elle conquis ce culte d'admiration des nations entières, si le principe sacré de l'équité et le prestige moral, exercés par la supériorité de l'âme et de l'esprit, n'eussent agi sur les êtres même les plus résolus à une malveillante opposition ?

Enfin, la grande tâche va en s'accomplissant.

Napoléon III a toujours la main à l'œuvre. Une pensée incessante le domine :

Faire le plus de bien possible à l'humanité.

Rien ne résiste à ses tentatives.

La gloire, la force, la puissance ont déjà été acquises par sa volonté immuable.

Voyez plutôt ces fiers autocrates, ces Rois du monde !

Tous plient sans haine devant sa parole, parce que sa parole a la noblesse de la sainteté, de la vérité; parce qu'ils voient, ces monarques, à travers l'homme, la grande pensée humanitaire, en même temps que la pensée grandiose.

Ils découvrent encore la suprême bonté, laquelle ne peut faillir.

* * *

Mais l'Empereur n'avait pas encore donné toute la mesure de sa profonde sagesse, ainsi que de sa puissance providentielle, pour sauver les nations opprimées.

Napoléon III s'était montré législateur jusqu'à la suprême expression du mot.

Son esprit chevaleresque s'était manifesté suffisamment en Orient, et les Français virent avec orgueil que Napoléon III était aussi passionné pour la gloire, que pour la justice.

Mais, là ne devaient pas s'arrêter ses exploits guerriers.

Bientôt, ce *héros de la paix* se montrait l'invincible héros des combats, et présentait le symbole de l'homme complet.

Une page ineffaçable restera dans l'histoire, pour émerveiller la postérité, des hauts faits qui se sont accomplis par lui.

Une nation toujours opprimée, asservie, sacrifiée, la belle Italie, succombant sous le joug autrichien, jette enfin un profond cri de détresse; elle tourne ses regards vers la France, qui déjà a sauvé l'Orient.

Aussitôt, la France répond à cet appel.

Outre le sentiment généreux qui l'inspire, un sentiment d'intérêt international le commande.

Justice, équité, générosité ne peuvent manquer d'électriser le noble Empereur, pour seconder une si belle cause :

Car, dans sa grande pensée, il espère donner une puissante et sage impulsion à ce peuple, jusqu'à ce jour troublé et incertain.

Il espère former une grande nation de ce peuple asservi.

La trompette sonne, le tambour bat.

De nouveau, les Nations s'émeuvent et s'inquiètent.

« Que va faire l'Empereur des Français avec ses puissantes phalanges ?

» Est-il possible que ses pensées se tournent vers la conquête à son profit ?. »

Et les nations, en grand émoi, se mettent sur le pied de guerre.

Quoi !

Rois et Empereurs de la terre, vous oubliez donc la grandeur morale de celui qui fut la Providence des nations, et qui ne s'est signalé que par des actes de justice ?

Oubliez-vous qu'il vous a sauvés de l'anarchie et de lmort ?

Oubliez-vous donc, enfin, que celui qui

ne veut que la conquête du droit, ne peut
mentir à lui-même?

———

Et vous, dont le cœur est tiède ou pu-
sillanime, pourquoi ces appréhensions et
ces clameurs?

Ce que Dieu garde, est bien gardé.

Oh! vous qui croyez, ne craignez rien.

Et vous, dont le cœur est plein d'an-
tagonisme, mais qui êtes français par
l'esprit, patriotes enfin, enorgueillissez-
vous! car la France ne peut que se cou-
vrir de gloire avec un tel chef.

———

. . . .

. . . .

Écoutez tous!

N'entendez-vous pas l'airain qui tonne?

C'est la grande voix de la victoire.....

Montebello est pris, l'ennemi vaincu!...

Mais, attendez!...

L'airain retentit de nouveau.

Turbico, Magenta ont encore été inscrits sur la grande page des conquêtes françaises.

Le Piémont est délivré, et c'est par l'Empereur.

Le Piémont, n'est-ce pas le *premier rempart* de la France?

L'amour de la patrie l'emporte enfin.

Tout Français se sent électrisé; et ceux-là mêmes qui avaient élevé la voix contre cette guerre, se passionnent pour elle, et voudraient abréger les heures pour voler sur un nouveau champ de bataille.

Attendez, Français, et ne craignez rien.

Ce que Dieu suit ne peut s'arrêter en route.

La Lombardie demande à être délivrée.

C'est elle qui doit établir l'équilibre

Européen, en s'adjoignant au Piémont.

L'Empereur va accomplir cette œuvre aussi généreuse que nécessaire.

En effet, cette riche contrée, abreuvée de douleur, retentit sous les pieds des guerriers libérateurs qui vont toujours en avant, tandis que l'ennemi fuit éperdu, épouvanté devant leurs pas.

Oh! vous pouvez couper vos ponts, peuple autrichien, et tripler vos cohortes.... Le *Dieu des combats* n'est pas avec vous.

Allez à votre quadrilatère, réunissez vos efforts, qu'importe?

L'œuvre n'est pas terminée pour l'Empereur des Français.

Le génie de ses destinées lui dit:

« Avance!..... »

Il avance, en effet, sur ce point invincible avec sa formidable armée.

Qu'importent le feu, le fer, le tonnerre du canon qui se dirigent sur lui?

Tous le trouvent calme, impassible dans son œuvre.

Chacun tremble au danger que court ce guerrier ; mais lui, incomparable de calme, de sagesse, de force morale, il stimule la grande armée.

Emerveillé de ce prodige, l'Africain s'émeut, quelque chose de notre France lui vient au cœur : il avait le courage, il aura l'héroïsme.

Dès ce moment, tout soldat devient un héros.

Vaincre !.... vaincre !.... c'est le cri unanime. Les heures s'oublient, tout s'oublie, car il faut vaincre.

Enfin, le Dieu des armées prononce. L'Être providentiel est vainqueur....

GRANDE BATAILLE ET GRANDE VICTOIRE !

Tel est le cri retentissant de la France.

Vainqueurs de Solférino, gloire à vous !...

Gloire à la nation française !

Gloire à Dieu, qui vous a guidés, guerriers !

———————

Encore !

Le canon retentit !

Quel nouveau miracle va s'annoncer?

Ce miracle, c'est la paix !

La paix glorieuse, aux ailes blanches, au rameau d'olivier, apportant aux nations le commerce, les arts et le progrès.

Eh quoi !

Joseph II, ce fier empereur, que le fanatisme de la guerre avait saisi, qui ne voulait que vaincre ou mourir.... décide de la paix?....

Oui !....

Le pouvoir moral a subitement agi sur lui.

Du serrement de main de Napoléon, a jailli l'étincelle électrique, le feu sacré, et la commotion a frappé au cœur le jeune Souverain.

Il a recueilli la parole de son noble Adversaire, renfermant des conseils de justice, de conciliation et d'humanité.

François-Joseph a compris aussitôt ces paroles venues du cœur ; elles lui ont révélé que la vraie grandeur n'était pas dans la conquête, mais dans la justice et dans la recherche du bonheur de ses peuples.

L'ascendant moral d'un homme, l'attraction puissante des idées justes ont décidé du sort des nations ; et la paix de *Villafranca* restera dans l'histoire comme un fait providentiel.

———

Après les hauts faits d'armes, viennent les actes de clémence.

L'amnistie !....

Encore une profonde émotion pour les nations entières !....

Ne vous étonnez pas, Rois et Souverains !

Celui qui dirige tout, se sent fort.

Sa clémence, d'ailleurs, est douce à tout cœur droit.

Et Napoléon III, avant tout, est magnanime.

C'est une condition de sa nature exceptionnelle.

On le blesse, il pardonne, en disant comme le Christ :

Pardonnez-leur, mon Dieu, car ils ne savent ce qu'ils font.

Un jour, ceux qui veulent une *liberté illimitée*, sans frein, seront bien contrits de voir la France, nonobstant cette *grande liberté*, le royaume du monde le plus fort, le plus éclairé, le plus glorieux, le plus civilisé, le plus calme, et le plus prospère en même temps, sans avoir apporté leur pierre à la construction de cette œuvre étonnante !

Oui, Français, enorgueillissez-vous : car, de toutes les parties du monde, on viendra visiter le *grand royaume modèle*,

et chaque pèlerin, tête couronnée ou sim-
ple visiteur, s'étonnera profondément de
tant d'œuvres merveilleuses conçues et
terminées; et l'on saluera avec un reli-
gieux respect, ce génie profond qui sut,
tout en donnant une bienfaisante et
généreuse impulsion aux nations, faire
de la France le royaume sans pareil.

FIN.

www.ingramcontent.com/pod-product-compliance
Lightning Source LLC
Chambersburg PA
CBHW051334060726
47596CB00004B/1605